AF176639

Liebe Leserin, lieber Leser!

Dieses kleine Büchlein mit 40
Meditationen soll helfen, dass wir uns der
Gegenwart Gottes immer mehr
bewusstwerden und immer mehr aus
seiner Gegenwart heraus leben. Jeder
Meditation liegt eine kurze Bibelstelle
zugrunde, so stehen wir auf festem Boden.
Manchmal kommen auch in den
Meditationen kurze Bibelzitate vor. Diese
sind nicht eigens ausgewiesen, um den
Wortfluss nicht zu unterbrechen. Die
Meditationen sind am besten langsam und
mit Bedacht zu lesen. Es empfiehlt sich
jedenfalls, sich die Zeit zu nehmen, bei
einer Meditation etwas länger zu
verweilen (5 bis 10 Minuten), um sie auch
wirklich zu erfassen und auszukosten.

Es empfiehlt sich auch, zwischendurch
immer wieder die Augen zu schließen

und in der Stille Gott handeln zu lassen. Einen Satz, der einen besonders anspricht, kann man mehrmals wiederholen, sodass er auch wirklich auf dem Grund unseres Herzens ankommt. Denn dort, auf dem Grund unseres Herzens, treffen wir auf das Licht unseres wunderbaren Gottes.

Viel Freude mit ihm!

Josef Hackl

© 2021, Josef Hackl
Herstellung und Verlag: BoD – Books on Demand, Norderstedt
ISBN: 9783754323472

DENN BEI DIR, GOTT, IST DIE QUELLE
DES LEBENS, IN DEINEM LICHT
SCHAUEN WIR DAS LICHT (PSALM
36,10)

Aus dir, Gott, strömt Leben und Licht.

Du bist der Lebendige und alles in deiner
Nähe wird lebendig und hell.

Ich bin in deiner Nähe. Du bist mir ganz
nah.

Mit jedem Atemzug empfange ich aus der
Quelle, die uns Leben und Licht schenkt.

Mit jedem Atemzug fließt mir Gnade zu,
Zuversicht und Vertrauen.

Ich bin lebendig in dir, denn das ist, was du
liebst: meine Lebendigkeit.

Gott. Dein Licht strahlt in meine Finsternis hinein,

leuchtet meine Sorgen, Ängste und Schwächen aus und erhellt sie.

So dunkel es auch in der Welt sein mag,

so dunkel es um mich herum sein mag, dein Licht leuchtet in mir und gibt mir Kraft: Kraft, um das Leben zu wagen, Kraft, um Liebe zu schenken.

Dein Licht leuchtet in der Finsternis, dein Licht leuchtet in mir.

Du lichtest meine Dunkelheit. Du strahlst auf in mir.

Wenn ein Satz alles verändert, dann dieser: „Gott ist Liebe." Es gibt keine Finsternis in Gott, nichts Unvernünftiges oder Schreckliches. Er ist ausnahmslos gut. Er ist Liebe. Diesem Geheimnis kann ich mich öffnen und anvertrauen. Diesen Gott kann ich lieben. Dieser Gott verdient mein Vertrauen. Vor ihm brauche ich mich nicht zu fürchten. Einem Gott der Liebe kann ich dienen. Einem Gott der Liebe kann ich nachfolgen. Für einen Gott der Liebe kann ich werben. Weil er um mich wirbt und mich annimmt. Denn das ist das Wesen seiner Liebe: Er will, dass ich bin.

Ich bin verliebt in den Gedanken, dass Gott mich liebt, dass er mich zuerst geliebt hat, ohne mein Zutun. Ich muss ihm nicht erst gefallen. Seine Liebe zu mir ist unbedingt. Ich muss mir seine Aufmerksamkeit nicht erarbeiten. Sein liebender Blick ruht schon immer auf mir. Ich muss mir seine Liebe nicht erkaufen oder erbeten, sie ist mir immer schon zuteilgeworden. Ich kann seine Liebe zu mir nicht steigern, denn sie ist ohnehin ohne Maß. Ich muss nicht erst heilig werden, damit er mich wahrnimmt. Denn, indem er mich wahrnimmt, heiligt er mich. Und genau das steigert meine Liebe zu ihm. Ich bin verliebt in seine Liebe.

Mit mir ist alles in Ordnung. Meine Gedanken dürfen sein.

Meine Talente sind ein Segen. Ich bin nicht zufällig hier.

Ich bin seit jeher ein fester und geliebter Bestandteil der Gedanken und Pläne Gottes.

Ich juble über Gottes weites Herz und nehme das Geschenk der Freiheit an.

In mir ist so viel Potential zum Guten, weil ich wunderbar gemacht bin.

Ich bestaune das Wunder meiner Existenz. Herr, ich danke dir dafür!

Gott. In dir bin ich sicher.

Alles, was gut ist in meinem Leben, kommt von dir.

Das Schwere, das da ist, kann ich dir übergeben, denn du sorgst für mich:

Nichts wird mir fehlen.

Du wirst jeden Mangel ausgleichen.

Ich empfange mit jedem Atemzug dein Erbarmen und lebe in deiner Gnade.

Ich spüre die Fülle deiner Güte.

Die Gaben des Heiligen Geistes schüttest du über meinem Leben aus.

Deine Liebe macht mich frei! Nichts wird mir fehlen.

Gott. Von allen Seiten umgibst du mich
und legst deine schützende Hand auf mich.

Du schenkst mir Frieden und Zuversicht.

Mein Herz jubelt über deine Größe und
bergende Macht.

Deine Liebe ist für mich sicheres Land.
Nichts und niemand kann mich von dir
trennen.

Du beschützt mich.

Als erlöster Mensch kann ich mich neu den
Herausforderungen meines Lebens stellen.

Ich spüre, dass ich in dir geborgen bin.

So kann ich voll Mut meinen Weg gehen.
Amen.

Gott. Durch dich bin ich lebendig. In mir fließt deine Kraft und dein Leben.

Als dein Abbild bin ich geschaffen, in Christus bin ich von jeder Dunkelheit erlöst.

Meine Müdigkeit muss weichen, denn der Heilige Geist atmet und wirkt in mir.

Seine Lebendigkeit durchflutet und erquickt mich.

Sein Mut breitet sich in mir aus. Seine Zuversicht färbt auf mich ab.

Und ich spüre: Alles wird gut! Amen.

DURCH GOTTES GNADE BIN ICH, WAS ICH BIN (1. KORINTHERBRIEF 15,10)

Gott. Ich bin von dir geschaffen und geliebt.

Noch bevor die Welt erschaffen wurde, war ich in deinen Gedanken

und in deinem Herzen.

Du hast mein Äußeres gemacht, du wirkst in meinem Inneren.

Deine Schönheit und deine Kraft sind in mir.

Deine Gnade durchströmt mein Leben.

Deine Gnade ist vor mir und hinter mir,

über mir und unter mir.

Deine Gnade ist unendlich.

Und ich bin, was ich bin: dein ewig geliebtes Kind.

Gott, mein Fels und mein Erlöser, in dir
finde ich Kraft und Halt. Du richtest mich
auf. Ich schreite aus auf freier Bahn und
juble dir zu, denn du stärkst mich! Ich
erhebe meine Hände zu dir und es preist
dich mein Inneres, denn du bist meine
Stärke! Ich fühle, wie dein Atem mich
durchdringt, ermutigt und kräftigt. Ich
spüre dein Wirken in mir. Du bist die
Quelle von all dem Guten, das in der Welt
ist, und du verbindest alle, die nach diesem
Guten suchen. Du, Heiliger Geist, rüstest
mich aus mit deiner Kraft. Du, Heiliger
Geist, stärkst mich jetzt. So kann ich leben
und lieben. Amen.

Herr des Erbarmens und Gott allen Trostes. Ich muss nicht den ganzen Tag zu dir schreien und betteln. Denn ich habe ja deine Zusage, dass du immer für mich da bist. In den kleinen Dingen nehme ich deine Gegenwart wahr: Im zarten Sonnenstrahl, der auf mein Gesicht fällt, im sanften Wind, der mich streichelt, im Lächeln eines Kindes lachst du mich an. Du gibst mir heute das tägliche Brot. Du rettest mich aus allen Gefahren, du führst mich durch Krankheiten und lässt mich nicht verzagen. Du sprichst in mein Herz: „Ich helfe dir!" Amen, du treuer Gott!

Ich brauche keine Reichtümer oder Inseln.

Ich brauche keine Schlösser und keine Yachten.

Mein Reichtum ist der Herr, der Gott meines Heiles.

Er beschenkt mich mit seiner Gegenwart, die ich jetzt wahrnehmen darf,

die mich umgibt und birgt. Ich bin von ihm gerettet, ein für alle Mal.

Nichts kann mich von seiner Liebe trennen.

Gott ist mein Heil. Amen, ja amen.

ICH BIN DEIN (JESAJA 43,1)

Gott.

Ich bin dein und du bist mein.

Das ist der Grund, auf dem ich stehe.

Das ist die Wahrheit, die mich belebt.

Ich in dir und du in mir.

So ist dein Leben mein Leben.

So bist du meine Kraft.

Deine Schönheit ist in mir.

Die Wucht deines Erbarmens durchflutet
meinen ganzen Körper.

Ich spüre deine Freude in mir.

Ich stehe auf und erhebe meine Hände.

Amen. Halleluja!

FÜR GOTT IST ALLES MÖGLICH
(MARKUSEVANGELIUM 10,27)

Wo ist die Grenze, die man dir, Gott, setzen könnte? Wo ist die Begebenheit, die dich überrascht? In meiner Verbundenheit mit Gott, durch meine Freundschaft zu ihm, dadurch, dass er mir Vater und Mutter, Bruder und Schwester ist, ist mir alles geschenkt und ich bin offen für seine Wunder. Ja, ich öffne mich dem Wunder selbst, das er ist: Ein Wunder der Schönheit und des Glanzes, Ein Wunder der Allmacht und des Lichtes. Für ihn ist alles möglich. Er vermag vielmehr, als ich zu träumen wage. Und so wage ich zu träumen und öffne mich seinen Wundern.

ICH HABE EINE ZUKUNFT (JEREMIA 31,17)

Zu oft schweifen meine Gedanken in die Vergangenheit. Zu oft wünsche ich mir eine Zeitmaschine, um Dinge zu ändern, die ich gesagt oder getan habe oder die ich hätte besser machen können. Dabei übersehe ich meine Gegenwart in der Gegenwart Gottes, die mir eine Zukunft verheißt und mich ermutigt, zu leben und zu lieben. Es kann mir nichts passieren, ich bin in ihm und er ist in mir. Ich atme seine Gegenwart und lebe in die Zukunft hinein, die Gott für mich bereithält. Eine Zukunft voll Freude und Herrlichkeit. Sein Licht leuchtet in mir. Seine Freude treibt mich an. Seine Lebendigkeit beflügelt mich. Mein Leben ist gottvoll. Jetzt und in Ewigkeit. Amen.

Ich atme ruhig und fühle meinen Herzschlag.

Das Licht der Gegenwart Gottes umstrahlt mich und fließt in mich hinein.

Ich öffne mich seiner Liebe.

Das Licht der Gegenwart Gottes umstrahlt mich und fließt in mich hinein.

Und da ich mich ihm geöffnet habe,

fließt das Licht seiner Gegenwart auch aus mir heraus.

Gott, ich bin offen für dich.

Ich bin offen für die Liebe.

Ich bin offen für dein Licht.

Ich öffne mich dem Wunder der Schönheit.

Schönheit, die Gott ist.

Gott, der in mir ist.

Gott, du bist mein Licht und mein Heil.

Du bist mir näher als ein Bruder,

du bist ein Freund, dem ich folgen kann.

Du erhellst meine Wege und begnadest
mein Tun.

Unverlierbar hast du mir das Heil
geschenkt in Christus.

Daran halte ich mich fest.

Du hast ein Herz für mich.

Du teilst dein Licht und dein Heil mit mir,
weil ich dir lieb bin.

Das ist die Wahrheit über meinem Leben

und der feste Grund, auf dem ich stehe.

Du lässt mich immer tiefer in das
Geheimnis vordringen, das du bist –

Licht und Heil und Leben.

Gott, du bist vor aller Zeit und deine Güte reicht so weit, die Himmel ziehen.

Ich möchte manchmal vor dir fliehen

und doch, es hält mich was zurück. Es ist ein Stück von einer Ahnung, es ist das Glück durch die Erfahrung,

dass du mich liebst und dass diese Liebe bleibt, selbst wenn ich vergehe.

Und wie ich dich so vor mir sehe, nehme ich nichts wahr außer Güte.

Gott behüte,

dass ich nie vergesse, was du meiner Seele bist, die zwar dein Eigen ist, doch oftmals streunt.

Was du meiner Seele bist: ein Freund.

DIE LIEBE HÖRT NIEMALS AUF (1. KORINTHERBRIEF 13,8)

Wir leben in einer Zeit, in der sich vieles sehr schnell ändert.

Was bleibt? Was bleibt von mir?

Ich bin wie eine Blume, die heute blüht und morgen vergeht, so scheint es.

Was trägt mich, wenn nicht der Gedanke an einen Gott,

der selbst Liebe ist und bleibt?

Die Liebe hört niemals auf und hält mich am Leben.

Jetzt. Ewig.

Ich erhebe mich aus dem Staub der
Selbstanklage.

Ich erhebe mein Haupt und meine Augen
zu dem,

der mich erschaffen hat und der mich
rechtfertigt.

Der mich Kind nennt. Zu dem ich Vater
sage,

der für mich Mutter ist, und Freund.

Der mir vergeben hat, endgültig.

Alles, jedes, ohne Maß.

Reue wird zur Freude über die Vergebung
und befeuert mein Vertrauen.

Ich erhebe mich aus dem Staub und staune

und nenne deinen Namen: Christus.

GOTT IST GRÖßER ALS UNSER HERZ (1. JOHANNESBRIEF 3,20)

Wenn mich mein Herz auch verurteilt, wegen diesem oder jenem, dann darf ich mir in diesem Augenblick sicher sein: Gott vergibt mir, gerade jetzt. Weil sein Wesen Güte ist, weil er unser Herz und unsere Gedanken kennt. Weil er größer ist als unser Herz und mehr vermag, als wir uns ausdenken können. Gott ist gut. Bedingungslos. Auch für mich. Ich nehme das jetzt mit Gewissheit an, für jede Situation meines Lebens. Ich nehme seine Güte ganz konkret für mich in Anspruch. Und wenn ich Erleichterung spüre, dann ist das ein wundervoller Grund, Gott zu loben. Denn er ist gut!

Amen.

Jesus Christus. Alles, was in mir zerbrochen oder unheil ist, halte ich dir hin. Ich lege es in den Strom deiner berauschenden Gnade. Du hast mir ein Leben in Fülle verheißen und ich nehme diese Leben an. Du hast meine Krankheiten auf das Holz des Kreuzes getragen. Durch deine Wunden bin ich geheilt. Ich nehme das jetzt für mich an. Im Glauben, in der Hoffnung und in der Liebe. Ich nehme die Heilung, die du für mich erwirkt hast, an und danke dir für die Kraft der Auferstehung, die an mir und in mir wirkt. Ich lasse die Kraft deiner Auferstehung jetzt ganz bewusst an mir und in mir wirken. Ich lasse dich an mir und in mir wirken.

Amen.

GOTT GIBT FRIEDEN
(JOHANNESEVANGELIUM 14,27)

Ich bin.

Ich bin da und höre in die Stille hinein.

Ich fühle deinen Frieden in mir.

Nichts kann dich aus dem Gleichgewicht bringen, starker Gott, Friedensfürst.

Nichts kann dich bedrängen oder beunruhigen.

In der Stille werde ich eins mit dir.

In der Stille nährt mich dein Frieden und ich bekomme Zuversicht für alle Situationen in meinem Leben.

Ich gehe und bleibe in deinem Frieden.

Wie ein Baum, der am Wasser gepflanzt ist, strecke ich meine Wurzeln aus.

Ich stehe auf gutem Grund.

Vitalität und Wachstum durchfließen meinen Körper.

Ich bin verbunden mit meinem Urgrund, meinem Schöpfer und Erlöser.

Alles, was ich tue, wird mir gut gelingen. Der Herr kennt meinen Platz.

Ich werde immer genug Wasser und Sonne haben.

Ich bin wie ein Baum, der am Wasser gepflanzt ist. Gott hat Gefallen an mir.

Ich stehe auf gutem Grund.

Ich bin verbunden mit meinem Urgrund, meinem Schöpfer und Erlöser... *(und noch einmal von vorne...)*

Gott. Dein liebevoller Blick ruht auf mir. Ich spüre dein Wohlwollen und deine Zuneigung. Du förderst das Gute in mir, das du in mich hineingelegt hast.

Ich bewundere deine Schönheit und deine grenzenlose Güte. In deiner Nähe fühle ich mich wohl und lebe auf, atme durch und finde Kraft. Du nimmst mich ernst und lachst mit mir. Wenn ich an dich denke, weiß ich, dass ich in deinen Gedanken bin.

In deinen Gedanken, die voll Kühnheit und Erhabenheit sind. Ich bewundere dich und mein Herz wird weit.

Ich bin begeistert von dir und froh über dich und die Beziehung, die ich zu dir habe.

In deiner Nähe finde ich ungetrübte Freude.

Gott.

Ich bin mir von dir gegeben.

Ich lebe auf dich hin.

Ich spüre deine grenzenlose
Freundlichkeit.

Du vertraust mir.

Du legst dein Wohlwollen auf mein
Inneres.

Du traust mir etwas zu.

Du hast die Kraft in mich hineingelegt, die
Welt ein Stück besser zu machen.

Du gibst auf mich acht.

Du stärkst mich und schenkst mir freies
Geleit.

Du führst mich hinaus ins Weite.

SEID FRÖHLICH (RÖMERBRIEF 12,12)

Es gibt einen Grund zur beständigen
Freude,

es gibt einen Grund zur Zuversicht.

Gott führt uns auf ewig grüne Weiden,

er führt uns zum Wasser und zum Licht.

Wir dürfen froh und munter sein,

wir dürfen singen, tanzen, lachen.

Gott lädt uns zum Fest des Lebens ein.

Er will uns für immer glücklich machen.

Ich trete ein in den Raum der Stille und
werde zum Hörenden.

Die Stille sammelt mich und rüstet mich
zur Begegnung mit Gott.

In der Stille empfange ich seine Wohltaten,

in der Stille berührt er mein Herz,

in der Stille schenkt er mir Erholung,

in der Stille erfrischt er meine Seele.

Ich halte Stille und jede meiner Zellen wird
erneuert.

Ich halte Stille und werde neu.

Heiliger Geist. Du bist mehr als eine Kraft, du bist lebendig und machst lebendig.

Du bist gut und machst besser.

Du machst das Unvollkommene ganz und bringst Schönes zum Vorschein.

Du bist meinem Inneren inniglich zugetan und sprichst zu meiner Seele.

Du bringst Leben hervor und Wachstum, Weisheit und Stärke.

Du bist Geber und Geschenk. Du richtest auf und hältst standhaft.

Wer dich hat, hat alles, hat den Vater und den Sohn, die uns durch dich wie Mutter und Freund sind.

Ich spüre deine Lebendigkeit in mir, sie setzt mich frei und ich breche auf. Amen.

Gott.

Heute entscheide ich mich für dich.

Hier und jetzt will ich dich in mein Leben lassen und dir alles übergeben, was mich ausmacht.

Es heißt ja, wer dir alles gibt, dem gibst du alles.

Darauf vertraue ich ganz fest.

Ich lasse mich auf dich ein, auf das Geheimnis und Abenteuer, das du bist.

Hier und heute.

Jetzt und immer.

Du bist mit mir, guter Gott,

das ist die Wahrheit meines Lebens.

Am Siegerpodest und am Schafott,

im Sonnenschein und trotz des Regens.

Nichts kann mich von dir trennen,

weder Gewalt noch Ruhm,

Nichts ist besser, als dich zu kennen

und nichts kann deiner Liebe Abbruch tun.

Weil du treu bist, großer Gott,

und weil dein Wort feststeht.

Weil du treu bist, großer Gott,

und weil dein Wind sich niemals dreht,

bin ich voll Zuversicht

und wandle froh im Licht,

denn du bist es, der spricht:

Ich verlass dich nicht!

Alles muss weitergehen, alles muss schneller gehen. Jesus blieb stehen. Alles muss größer werden, alles muss besser werden. Jesus blieb stehen. Du musst dieses und jenes tun, damit du vom Fleck kommst. Jesus blieb stehen. Stillstand ist Rückschritt. Wer nicht vorankommt, bleibt zurück. Jesus blieb stehen. Warum macht er das? Was bringt ihn dazu? Er hat Geduld, er lässt dir Zeit, er wartet auf dich! Denn eines ist ihm wichtig: Du!

Als Gottes Abbild bin ich geschaffen. Das
Sanfte und das Gute sind in mir. Als sein
Abbild bin ich geschaffen. Als sein Kind bin
ich geboren, als sein Kind gehe ich heim zu
ihm, nichts kann mir passieren. Als sein
Abbild bin ich geschaffen, ihm ähnlich,
befähigt zur Liebe, mich selbst
übersteigend. Und schweigend nehme ich
dieses Geschenk dankbar an. Als sein
Abbild bin ich geschaffen. Ich fühle das
Gute und Sanfte in mir, es weist mich auf
ihn hin und ich gewinne Zuversicht, dass er
selbst das Gute und Sanfte ist. Und ich
gewinne Zuversicht für mich, dass ich gut
und sanft sein kann!

Ich lasse mich von der Stille umschließen. Sie hebt mich empor in ein Konzert der Schönheit. Die Kraft des Himmels umflutet mich und ich atme Licht und Freiheit. Mein Inneres wird weit und offen. Alles zieht mich empor. Ich gebe mich ganz Gott hin und in bin ganz bei ihm und in ihm. Alles zieht mich empor. Ich vergesse die Zeit und vergesse den Raum und genieße für den Moment den Himmel auf Erden. Seinen Himmel in mir.

Gott ist mein Halt, in allen Sorgen und Nöten stattet er mich mit Kraft aus. Bei ihm bin ich sicher. Abgesichert. Wie in eine Festung kann ich mich in ihn zurückziehen. Ich spüre seine bergende Macht, die voller Zärtlichkeit ist. Voller Zärtlichkeit und Güte. Seine Stärke stärkt mich und seine Sanftheit macht mich zuversichtlich und gelassen. Gott ist mein Halt. Eine sichere Zuflucht ist er, in allen Stürmen des Lebens. Amen.

Gott, du bist ein Gott des Lebens und der Lebendigkeit. Wärst du nicht derartig treu und gut, ich würde verzagen und mich weigern, weiterzumachen. Dein Wesen macht mir Mut, der Mut macht mich hoffnungsfroh und diese Hoffnung weckt in mir die Sehnsucht nach einer Zukunft, in der ich dich von Angesicht zu Angesicht sehe. Diese Zukunft hältst du für mich bereit. In diese Zukunft darf ich schon jetzt eintreten. In dir bin ich. Jetzt und in Ewigkeit.

Der Herr ist gut, er übersteigt unsere Vorstellungskraft. Er ist noch viel besser als wir denken können, viel besser als wir je wagen könnten zu denken. Er fordert uns heraus, seiner Güte kühn zu vertrauen. Setzen wir ihm keine Grenzen, denn er selbst hat seiner Liebe keine Grenzen gesetzt. Strahlen wir aus, was er in uns hineinstrahlt: Liebe, Freude, Frieden, Geduld, Freundlichkeit, Güte, Langmut, Sanftmut, Treue, Bescheidenheit, Selbstbeherrschung. Strahlen wir ihn an und strahlen wir ihn aus. Er hat es verdient!

Gott macht mich jung. Seine Gegenwart hebt die Zeit auf. Er schenkt Erleichterung und erfrischt meine Seele. Seine Freude erneuert mich. Seine Liebe stärkt mein Herz. Er bringt meine Jugend hervor und ermutigt mich zu mehr Leichtigkeit. Ich lasse meine Schwermut los und lächle, weil Gott mich in diesem Moment anlacht und sagt: „Die auf mich hoffen, empfangen neue Kraft, wie Adlern wachsen ihnen Flügel. Sie laufen und werden nicht müde, sie gehen und werden nicht matt."

Wir haben vergessen, für dich zu tanzen, großer Gott! Unser Bekenntnis bleibt oft auf der Zunge und wandert, wenn es tief kommt, bis ins Herz. Manchmal erheben wir sogar unsere Arme zu dir. Doch öfter noch senkt sich der Blick und wir bleiben auf den Knien stecken. Wir haben vergessen, für dich zu tanzen, großer Gott. Zu tanzen, wie David es getan hat, beinahe nackt. Es hat dir gefallen, einen Mann nach deinem Herzen hast du ihn genannt. Du schenkst meinen Schritten Raum und ich will diesen Raum jetzt nutzen und mich meiner Freude und meines Rhythmus nicht mehr schämen. Niemals werde ich mehr vergessen, für dich zu tanzen, großer Gott!

Gott, du bist Licht, du bist Schönheit, du bist Glanz, du bist Wunder, du bist Kraft, du bist Freude, du bist Erhabenheit, du bist Güte und noch viel mehr. In diese Fülle trete ich ein mit meinem Gebet. Aus dieser Fülle, die du bist und in die ich eintrete, empfange ich alles, was dich ausmacht. Gott, du bist Licht. Und du sagst mir in deiner unendlichen Bescheidenheit: Auch ich kann Licht sein. Licht für die Welt.

TITELBILD: FRANZ JACHIM

VIELEN DANK AN IRENE
NAVARRO LEIVA FÜR'S
KORREKTURLESEN!